Amazon Echo Handbuch

Amazon Echo für Anfänger. Alle wichtigen Funktionen von Alexa einfach und übersichtlich erklärt.

Felix Gerens

Inhaltsverzeichnis

Vorwort

Es ist jetzt über 20 Jahre her, dass das Internet unsere Welt verändert hat. Jetzt stehen wir an der Schwelle zu einer neuen Entwicklung. Wir leben jetzt in einer Welt, in der wir begonnen haben, mit den Maschinen zu sprechen. Waren wir bisher stets auf Tastaturen oder Touchscreens als Eingabegeräte angewiesen, so sieht das Ganze aus, als wenn wir in Zukunft mit Computern, Smartphones, oder auch ganz gewöhnlichen Haushaltsgegenständen mittels Sprache kommunizieren werden. Ganz so, wie wir es bereits aus dem Raumschiff Enterprise kennen.

Amazon, Google, Apple, alle diese Firmen arbeiten an automatischen Sprachassistenten, die unser Leben vereinfachen sollen. In diesem Buch wollen wir uns mit Alexa befassen. Alexa ist der Sprachassistent von Amazon. Dazu gibt es eine Reihe von Produkten, die auf die Bezeichnung „Echo" hören.

In diesem Buch wollen wir uns die verschiedenen Echogeräte ansehen, mehr darüber erfahren, wie Alexa funktioniert, und wie Du es im Alltag am besten einsetzen kannst. Wir werden uns die verschiedenen Skills und Funktionen ansehen, und die diversen Zusatzprodukte, die es von Drittanbietern für Alexa gibt. Außerdem werden wir uns einige Gedanken über die Probleme machen, die sich im Zusammenhang mit dem Datenschutz und Alexa ergeben. Und schließlich und endlich wirst Du auch eine ausführliche Liste unterhaltsamer und verblüffender so genannter „Easter Eggs" finden. Dabei handelt es sich um Sprachbefehle, mit denen Du teilweise lustige und überraschende Effekte mit Alexa erzielen kannst

Wir hoffen, dass dieses Buch Dir dabei helfen wird, Deinen ganz persönlichen Einstieg mit Alexa zu starten. Wir wünschen Dir, dass Alexa Dein Leben auf vielfältige Weise bereichern und vereinfachen wird.

1. Echo und Alexa

Es ist jetzt schon drei Jahre her. Schon im Jahr 2014 hat Amazon Echo in den USA auf den Markt gebracht. Erst seit Februar 2017 sind Echo und Echo Dot auch in Deutschland erhältlich. Damit sind die Geräte jetzt für jedermann zu haben. Das war nicht immer so. Zuvor war es so, dass man sich als Käufer bei Amazon um ein Gerät „bewerben" musste. Mit viel Glück bekam man dann eine Einladung von Amazon und durfte das Gerät kaufen. Nachdem diese Testphase jetzt endgültig abgeschlossen ist, kann jetzt jedermann die Echogeräte in Deutschland erwerben. Es gibt neben Echo und Echo Dot noch ein drittes Gerät, Echo Tap. Allerdings ist Echo Tap bisher nur in der englischen Version verfügbar und in Deutschland bislang noch nicht erhältlich. Wir können aber sicherlich davon ausgehen, dass es nicht allzu lange dauern wird, bis auf Echo Tap in Deutschland erhältlich ist. Gesteuert werden alle drei Geräte über die Onlinesoftware Alexa.

Wenn Du Echo richtig anwendest, dann macht Alexa diese Geräte zu richtigen kleinen persönlichen Assistenten. Du kannst Echo kinderleicht über Sprache steuern, es ist ganz einfach. Alexa kann Dir zuhören, Informationen abrufen, Du kannst Fragen stellen, Du kannst Alexa neue Funktionen erlernen lassen. Und Du kannst sie so auf diese Weise Schritt für Schritt immer besser an Deine Bedürfnisse anpassen. Die eigentliche Schnittstelle zwischen Dir und Deinem Echogerät ist die Alexa-App für Smartphones. Mit allen drei bisher erhältlichen Geräten kannst Du die Alexa-Software in vollem Umfang nutzen. Die drei Geräte unterscheiden sich ausschließlich in einigen kleinen technischen Details.

Echo verfügt über einen integrierten Lautsprecher von guter

Qualität und hervorragendem Klang. Es bezieht seinen Strom über ein mitgeliefertes Netzteil. Damit ist es nur für den stationären Einsatz gedacht. Der etwas kleinere Echo Tap bezieht seine Energie aus Akkus und muss regelmäßig aufgeladen werden. Damit ist es natürlich mobiler und kann leichter von Ort zu Ort bewegt werden. Echo Dot hingegen ist nur mit einem sehr kleinen Lautsprecher ausgestattet. Alle drei Geräte können eine ganze Menge. Welches von den Dreien am besten geeignet ist, hängt natürlich auch davon ab, welche Anforderungen Du an das Gerät stellst.

Was Du über Alexa wissen musst

Die Onlinesoftware Alexa wurde benannt nach der legendären Bibliothek von Alexandria. Alexa ist sozusagen das Gehirn der Amazon Echogeräte. Es ist vergleichbar mit anderen Sprachassistenten, wie zum Beispiel Siri von Apple oder Microsofts Cortana.

Alexa versteht unglaublich viele verschiedene Sprachbefehle, und sie reagiert darauf. Die Echogeräte haben sieben empfindliche Mikrofone eingebaut, die mit einer Technik kombiniert wurden, die automatisch dafür sorgt, dass lästige Nebengeräusche ausgeblendet werden. Auf diese Weise ist es möglich, dass Du mit Alexa kommunizieren kannst, ohne dass Du sie anschreien musst, und ohne dass Du Dich mehrfach wiederholen musst. Ein Beispiel: Wenn Alexa zum Beispiel gerade Musik abspielt, so kann die Software trotzdem verstehen und auf Deine Sprachbefehle reagieren, sobald Du sie ansprichst. Und so unglaublich das ist: Das funktioniert sogar über eine Distanz von mehreren Metern hinweg.

2. Der erste Kontakt

So, Du hast es jetzt also getan. Du hast Dir ein Amazon Echogerät zugelegt. Jetzt möchtest Du natürlich loslegen. Du weißt aber noch nicht so recht, wie Du die Sache angehen sollst? Wir werden uns in diesem Kapitel jetzt gemeinsam ansehen, wie Du Dein Echogerät einrichten kannst. Und Du erfährst natürlich auch einiges über die Steuerung und die Handhabung der Software.

Es gibt einige wichtige Grundvoraussetzungen, damit Du Amazon Echo überhaupt zu Hause nutzen kannst. Zum einen brauchst Du eine Stromzufuhr. Zum anderen brauchst Du einen WLAN-Zugang.

Sorge dafür, dass Du einen guten WLAN-Zugang mit einer ausreichenden Empfangsstärke hast. Platziere jetzt das Gerät an einer zentralen Stelle im Raum. Das Gerät sollte freistehen, und nicht durch irgendwelche anderen Gegenstände verdeckt werden. Es ist wichtig, dass Lautsprecher und Mikrofone möglichst ungehindert zugänglich sind. Anderenfalls kann die Funktion von Echo durch Signalverfälschungen behindert werden. Es ist sehr wichtig, dass die Mikrofone einwandfreien Empfang haben. Beachte bitte, dass das Echogerät mindestens 15 cm Abstand zur nächsten Wand haben soll.

Schließe das Netzkabel an Echo an, und stecke das Kabel in eine Steckdose. Echo hat jetzt Strom. Du kannst Echo jetzt einschalten, indem Du die Aktivierungstaste drückst. Die Aktivierungstaste ist die Taste, die mit einem Punkt markiert ist. Nachdem Du die Aktivierungstaste gedrückt hast, wird ein blauer Farbring aufleuchten. Dieser Farbring wird sich nach kurzer Zeit orange färben.

Jetzt kann es losgehen!

Wir lernen Alexa kennen

Um mit Echo arbeiten zu können, musst Du zunächst die Alexa-App auf Deinem Smartphone installieren. Die Alexa-App findest Du unter „Amazon Alexa" im Apple-Playstore beziehungsweise dem Google-App-Store. Die App ist kostenlos. Wenn Du zu den wenigen Menschen gehörst, die noch kein Smartphone besitzen, dann kannst Du Dich auch über https://alexa.amazon.de über einen PC oder über Dein Notebook anmelden. Auch der PC oder das Notebook braucht natürlich einen WLAN-Zugang. Außerdem benötigst Du einen Browser, mit dem Du die Seite aufrufen kannst. (Beispielsweise Safari, Chrome, Firefox, Microsoft Etsch, oder den guten alten Internet Explorer).

Du wirst aber auf jeden Fall besser fahren, wenn Du Dein Smartphone benutzt. Denn die App für das Smartphone ist wesentlich übersichtlicher und hat den großen Vorteil, dass Du sie immer bei Dir hast.

Starte jetzt die App auf Deinem Smartphone. Melde Dich dann dort mit Deinen Amazon-Kundendaten an. Jetzt kannst Du direkt auf der Startseite das Feld „Alexa personalisieren" aufrufen und anschließend „ein neues Gerät einrichten" anwählen. Jetzt wählst Du Dein Echogerät aus, und gibst die Sprache ein. Bisher stehen ausschließlich Deutsch und Englisch zur Verfügung. Jetzt fragt die App Dich nach dem orange farbigen Lichtring. Tippe auf „weiter". Als Nächstes musst Du dann das Echogerät mit Deinem Smartphone verbinden. Dafür gehst Du jetzt in die WLAN-Einstellungen Deines Smartphones. Warte dort, bis dann Amazon Echo als Gerät angezeigt wird, und verbinde die beiden.

Manchmal kann dieser Vorgang einige Minuten in Anspruch

nehmen. Wenn die Verbindung erfolgt ist, wird Alexa Dich darüber informieren. Sie wird Dich dazu auffordern, die weitere Einrichtung in Deiner App fortzusetzen. Du wählst jetzt als Nächstes Deinen WLAN-Zugang aus, entsperrst ihn per Eingabe des Schlüssels und wartest darauf, dass Alexa Dir die Freigabe bestätigt. Damit ist die Einrichtung von Echo vorläufig abgeschlossen. Als Nächstes bekommst Du ein kurzes Erklärungsvideo präsentiert. In dem Video werden grob einige Dinge erklärt, allerdings bleibt das Ganze sehr oberflächlich. Etwas hilfreicher ist das Tutorial, das Dir danach angeboten wird. Leider ist aber auch dieses Tutorial nicht besonders ausführlich.

Du solltest trotzdem das Video ansehen, und das Tutorial durcharbeiten. Du lernst hier, wie Du Alexa ansprichst, und lernst einige ihrer Fähigkeiten kennen.

Wie Du das Echogerät bedienst

Die Steuerung von Echo findet zum größten Teil mithilfe der Sprache statt. Deshalb halten sich die manuellen Gerätebedienungstasten in Grenzen. Es gibt an Echo nur vier Knöpfe: Mit Plus und Minus kann man die Lautstärke regeln, (soweit es sich um Echo Dot handelt). Bei dem großen stationären Echo wird die Lautstärke mit einem Drehregler verändert. Die Taste mit dem Punkt aktiviert das Gerät. Und wenn Du die Taste mit dem durchgestrichenen Mikrofon drückst, kannst Du Echo damit stumm beziehungsweise vor allem taub schalten. Wenn Du diese Mikrofontaste drückst, färbt sich der Leuchtring an Deinem Echogerät rot. Alexa reagiert jetzt nicht mehr auf Sprachbefehle. Wird diese Taste erneut gedrückt, wird die Spracheingabe wieder aktiviert. Alexa ist dann wieder im „Lauschmodus" und wartet auf neue Befehle.

Damit Alexa weiß, dass jetzt ein Sprachbefehl kommt, musst Du vor jedem Sprachbefehl ein sogenanntes Aktivierungswort setzen. Das Aktivierungswort kannst Du in Deiner Alexa-App ganz einfach anpassen. Dafür öffnest Du die App und gehst in den Einstellungen im Menü links oben unter „Geräte" auf Dein Echogerät, und anschließend unter „allgemein", „Aktivierungswort". Jetzt hast Du die Möglichkeit, unter vier verschiedenen Aktivierungsworten auszuwählen. Folgende Aktivierungsworte stehen Dir zur Verfügung: Amazon, Alexa, Echo und schließlich Computer. Jetzt kannst Du Dir aussuchen, welches dieser Wörter Du als Aktivierungswort verwenden möchtest. Übrigens kannst Du das Aktivierungswort jederzeit wieder ändern. Du musst aber eines der vier vorgegebenen Aktivierungswörter nutzen.

Wenn Alexa aktiv ist und das Aktivierungswort benutzt wird, so leuchtet der Lichtring auf dem Gerät automatisch blau auf. Alexa hört jetzt auf Deine Sprache. Damit das Ganze funktioniert, musst Du das Aktivierungswort immer *vor* Deinen Sprachbefehl setzen. Sehen wir uns das Ganze einmal anhand eines Beispiels an:

Wenn Du beispielsweise sagst: „Alexa, wie geht es Dir?" so wirst Du von Alexa sofort eine Antwort bekommen. Wenn Du dagegen sagst: „Wie geht es Dir, Alexa?" so wird Alexa erst nach Deiner Frage aktiviert. Alles, was Du vor „Alexa" gesagt hast, wird von der Software ignoriert werden. Also, immer zuerst das Aktivierungswort aussprechen, und dann den entsprechenden Sprachbefehl. Durch das Aktivierungswort weiß Alexa, das jetzt ein Sprachbefehl folgt.

Dein erstes Kennenlernen mit Alexa

Wir haben jetzt Dein Echogerät eingerichtet und die grobe Steuerung sollte so weit klar sein. Jetzt ist es an der Zeit, dass Du Alexa etwas besser kennenlernst. Stelle ihr einfach mal ein paar Fragen. Du wirst Dich wundern, wie schlagfertig, wortgewandt und flüssig sie in den meisten Fällen auf Deine Fragen antworten kann.

Hier eine Liste, von Beispielfragen:

- „Alexa, wie heißt Du?"
- „Alexa, wie alt bist Du?"
- „Alexa, wer bist Du?"
- „Alexa, was ist Amazon Echo? "

Es macht viel Spaß, mit Alexa herumzuprobieren. Das System hat immer wieder neue Antworten parat. Es gibt nur wenige Fragen, mit denen Du Alexa in Verlegenheit bringen kannst. Probiere weitere Fragen aus:

- „Alexa, wie geht es Dir?"
- „Alexa, erzähle mir einen Witz."
- „Alexa, wie geht es Dir heute?"
- „Alexa, schön Dich kennen zu lernen!"
- „Alexa, verrate mir ein Geheimnis."

Mit Alexa kannst Du Dir in sehr vielen Fällen die Benutzung von einer Suchmaschine, wie Google ersparen. Wenn Du eine Antwort auf eine konkrete Frage möchtest, so wird Alexa für Dich das Internet durchsuchen, um die passende Antwort zu finden. Wenn das nicht reicht, kannst Du Alexa außerdem bitten, etwas direkt bei Wikipedia für Dich nachzuschlagen. Probiere es aus, und stelle Alexa einige Fragen:

- „Alexa, wer ist Donald Trump?"
- „Alexa, wo liegt Österreich?"
- „Alexa, wie buchstabiert man Rechtschreibung?"
- „Alexa, wann wurde der Kölner Dom gebaut?"
- „Alexa, was ist die Definition von Paradoxon?"

Deine persönlichen Angaben und Alexas Verbindungen zur Außenwelt

Wenn Du Echo wirklich optimal nutzen möchtest, dann musst Du Alexa auch einiges über Dich verraten. Ganz besonders wichtig ist es, dass Alexa Deinen aktuellen Standort kennt. Nur so kann sie Informationen, wie beispielsweise die Wettervorhersage lokal angepasst abrufen. Du kannst Deinen Standort angeben, und jederzeit auch wieder ändern, indem Du die entsprechenden Einstellungen in Deiner App aufrufst. Wähle dort Dein Echo aus, dann unter „allgemein" auf die Schaltfläche „Gerätestandort" gehen. Jetzt kannst Du dort die genaue Adresse eintragen. Es gibt noch eine ganze Reihe von weiteren Einstellungen. Du kannst das System dort an Deine persönlichen Bedürfnisse anpassen, indem Du beispielsweise Töne, Zeitzonen, Sprache, die Maßeinheiten und so weiter zu jedem Zeitpunkt so verändern kannst, wie es für Deine Bedürfnisse optimal ist.

Du findest in den Einstellungen Deines Echogerätes ganz oben die Auswahl „Drahtlosverbindung". An dieser Stelle hast Du die Möglichkeit, Deinen WLAN-Zugang zu aktualisieren, wenn dies aus irgendeinem Grund notwendig sein sollte. Außerdem eine Schaltfläche „Bluetooth", mit deren Hilfe Du externe bluetoothfähige Lautsprecher hinzufügen kannst. Besonders, wenn Du nur den kleinen Echo Dot hast, und Dir die Qualität des eingebauten Lautsprechers nicht ausreicht, ist dies eine sehr wertvolle Funktion, mit der Du die Klangqualität Deines Gerätes wesentlich verbessern kannst.

Dazu musst Du darauf achten, dass der Lautsprecher, den Du mit Echo koppeln möchtest, eingeschaltet ist und dass das Bluetooth aktiviert ist. Jetzt tippst Du auf „ein neues Gerät koppeln". Bereits nach wenigen Sekunden sollte der Name des Lautsprechers erscheinen, den Du lediglich einmal eintippen musst, um ihn hinzuzufügen.

3. Die wichtigsten Funktionen von Alexa im Überblick

Jetzt steht Dir eine interessante Entdeckungsreise bevor. Wir werden jetzt gemeinsam nach und nach herausfinden, was das Echogerät beziehungsweise was Alexa alles kann. In diesem Kapitel werden wir uns die wichtigsten Funktionen einmal ansehen und sie ausprobieren. Und natürlich erfährst Du, wie Du sie für Dich einrichtest, und das Gerät auf Deine Bedürfnisse anpasst.

Wetter, Verkehr und Nachrichten

• „Alexa, wie lautet meine tägliche Zusammenfassung?"
Wenn Du Alexa diese Frage stellst, dann gibt sie Dir die wichtigsten Nachrichten des Tages. Die Inhalte dieser Zusammenfassung kannst Du personalisieren und auf Deine Interessen zuschneiden, indem Du unter Einstellungen in der Rubrik „Konten" auf „tägliche Zusammenfassung" tippst. Wenn Du jetzt die Schaltfläche „mehr aus der täglichen Zusammenfassung" anwählst, so hast Du die Möglichkeit, Dir aus verschiedenen Skills zum Thema Nachrichten (zum Beispiel ZDF heute, Bild, Spiegel, Express oder Sportschau), die Themen auszuwählen, die Dich interessieren. Öffne einen Skill und tippe dann auf „aktivieren", um ihn zu Deiner täglichen Zusammenfassung hinzuzufügen.

• „Alexa, gib mir mein Sportupdate!"
Wenn Du Dich ganz besonders für Sport interessierst, so kannst Du die wichtigsten Neuigkeiten über die Mannschaften, die Dich begeistern, jeden Tag von Alexa serviert bekommen. Dafür gehst Du unter Einstellungen auf „Sportnachrichten" und dort suchst

Du dann nach den Mannschaften, von denen Du gerne über alle aktuellen Neuigkeiten informiert werden möchtest.

- „Alexa, wie ist das Wetter?"

Damit Du diese Funktion sinnvoll nutzen kannst, musst Du Alexa Deinen Standort angeben. Nur so kann Alexa Dir die richtige Wettervorhersage für Deinen Wohnort ausgeben. Du kannst Alexa auch nach dem Wetter für bestimmte Zeiträume fragen: „Alexa, wie wird das Wetter morgen / nächste Woche / am Freitag?" Wenn Du wissen willst, wie das Wetter an einem anderen Ort ist, der nicht mit Deinem Standort identisch ist, dann fragst Du einfach: „Alexa, wie wird das Wetter in X?" Du kannst auch konkreter werden und Alexa ganz direkt nach ganz bestimmten Wetterbedingungen fragen. Zum Beispiel: „Alexa, wird es morgen schneien / regnen?"

Das Ganze lässt sich eigentlich leicht erklären. Für diesen Service nutzt Alexa schlicht und einfach die Informationen von AccuWeather.

- „Alexa, wie sieht es aktuell mit dem Verkehr aus?"

Alexa kann Dir jederzeit die aktuelle Verkehrslage für Deinen Arbeitsweg geben. Alles, was Du dafür tun musst, ist einmal Deine Strecke abzuspeichern. Und das ist ganz einfach: Wähle in den Einstellungen in der Rubrik „Konten" die Schaltfläche „Verkehr". Anschließend gibst Du Deinen Start- und Zielort ein. Tippe auf „Änderungen speichern". Jetzt kannst Du in der Strecke zusätzlich noch einen Zwischenhalt einfügen, indem Du die Option „Stopp hinzufügen" wählst.

Geschäfte, Restaurants und Kinos

• „Alexa, welche Geschäfte / Restaurants befinden sich in der Nähe?"

Alexa benutzt Deinen Standort und die Informationen von Yelp, um für Dich jederzeit nach Shops, Restaurants oder Kinos in Deiner Nähe zu suchen. Und damit nicht genug: Du kannst auch eine Selektion vornehmen. Frage Alexa einfach nach den am besten bewerteten Geschäften in Deiner Umgebung. Dafür sagst Du: „Alexa, was sind die am besten bewerteten Geschäfte / Restaurants?" Du kannst auch ganz spezifische Informationen von Alexa direkt abfragen: „Alexa, suche die Telefonnummer / Adresse / Öffnungszeiten eines Geschäfts / Restaurants in der Nähe."

Jedes Mal, wenn Alexa Dir ein Geschäft genannt hat, hast Du die Möglichkeit, ihr im Anschluss ergänzende Fragen dazu zu stellen. Du kannst Alexa beispielsweise fragen: „Alexa, wie weit ist es?" Oder: „Alexa, haben sie geöffnet?"

„Alexa, welche Filme laufen?"
Wenn Du Alexa diese Frage stellst, dann wird sie die Filmvorstellungen in einem Kino in Deiner Nähe nennen. Möchtest Du wissen, welche Filme in einer anderen Stadt laufen, dann fragst Du einfach: „Alexa, welche Filme laufen gerade in Name der Stadt?" Du kannst Alexa auch nach speziellen Genres fragen. Beispiel: „Alexa, welche Komödienfilme laufen?" Oder: „Alexa, welche Krimifilme laufen?" Du kannst von Alexa auch detailliertere Angaben zu den Vorstellungszeiten erhalten: „Alexa, wann läuft (Film) heute / morgen / am Wochenende?" Oder: „Alexa, welche Filme laufen zwischen (Zeitraum)?" Und

natürlich können sich Deine Fragen auf ein ganz bestimmtes Kino beziehen, sowohl in Deiner Nähe als auch in einer anderen Stadt. Beispiel: „Alexa, welche Filme werden in (Kino) gespielt?" Oder: „Alexa, um welche Zeit läuft (Film) in (Kino) in (Stadt)?"

Mit dieser ausgefeilten Suchfunktion kannst Du auch ganz spontan jederzeit den richtigen Film im Kino Deiner Wahl finden. Egal, ob in Deiner Heimatstadt oder in einem Nachbarort.

Hörbücher und Musik

Selbstverständlich kannst Du mit Alexa die ganzen verschiedenen Amazondienste nutzen. Außerdem gibt es eine Reihe von Drittanbietern, die Du ebenfalls benutzen kannst, um Medien mit Alexa abzurufen.

Die folgenden Streamig-Dienste für Hörbücher und Musik sind mit Alexa kompatibel: Amazon Music, Prime Music, Amazon Music Unlimited, Spotify Premium, Audible und Kindle. Wahrscheinlich benutzt Du schon verschiedene Amazondienste. Die Konten der Dienste, die Du ohnehin schon nutzt, sind bereits automatisch mit Alexa verbunden. Du kannst sie in den Einstellungen Deiner App unter „Musik und Medien" aufrufen. In dieser Rubrik hast Du außerdem die Möglichkeit, die Dienste von verschiedenen Drittanbietern hinzuzufügen. Wähle jetzt den Musikdienst, dessen Konto Du mit Alexa verknüpfen möchtest. Melde Dich jetzt mit Deinen Zugangsdaten an, und tippe auf „Konto mit Alexa verknüpfen."

Es kann unter Umständen passieren, dass an dieser Stelle eine

Fehlermeldung erscheint. Dieses Problem lässt sich allerdings meistens beheben, indem Du einfach Deine Zugangsdaten für das angewählte Konto zurücksetzt und es dann ein weiteres Mal versuchst. Du kannst jede Verknüpfung, die Du bereits erstellt hast, mit der Option „Konto von Alexa trennen" wieder rückgängig machen. Um mit Alexa Musik abzuspielen, Infos zu erhalten und innerhalb des Genres zu navigieren, kannst Du folgende Sprachbefehle benutzen:

- „Alexa, spiele (Song) von (Künstler)."
- „Alexa, spiele das Album (Titel)."
- „Alexa, spiele etwas von (Künstler)."
- „Alexa, spiele (Musikstil)."
- „Alexa, meine Playlist (Titel) anhören."
- „Alexa, spiele den Radiosender (Titel)."
- „Alexa, welcher Song / Künstler ist das?"
- „Alexa, wann wurde dieser Song veröffentlicht?"
- „Alexa, weiter / zurück / stopp / fortsetzen / wiederholen."
- „Alexa, lauter / leiser / Lautstärke auf (Zahl)."

Ausgesprochen nützlich ist der Einschlaftimer. Wenn Du vor dem Einschlafen noch ein wenig Musik hören möchtest, dann kannst Du Alexa dazu auffordern, die Musikwiedergabe zu einer ganz bestimmten Uhrzeit zu beenden. Dazu sagst Du einfach: „Alexa, höre in (Zahlen) Minuten / Stunden auf, Musik zu spielen."

Die Sprachbefehle für Hörbücher

- „Alexa, lies (Titel) vor."
- „Alexa, mein Buch fortsetzen."

- „Alexa anhalten / zurückspulen / vorspulen / Neustart."
- „Alexa, nächstes / vorheriges Kapitel."
- „Alexa, gehe zu Kapitel (Zahl)."

Auch bei der Wiedergabe von Hörbüchern hast Du die Option, die Wiedergabe nach einer gewissen Zeit automatisch zu beenden.

Weckfunktion, Timer und Erinnerungen

„Alexa, Wecker für (Uhrzeit) stellen."
Mit Alexa hast Du die Option, bis zu 100 Wecker gleichzeitig zu stellen. Wenn Du einen Wecker einrichten möchtest, der sich regelmäßig wiederholt, dann benutze den Sprachbefehl: „Alexa, stelle einen wiederholenden Alarm für (Wochentag) um (Uhrzeit)." Jeden Wecker, den Du auf diese Weise erstellt hast, kannst Du mithilfe der App weiter bearbeiten.

Um einen Wecker zu bearbeiten, wählst Du im Menü „Notizen und Wecker" aus, anschließend den Wecker, den Du bearbeiten willst. Jetzt kannst Du alle wichtigen Eigenschaften verändern: Die Anzahl der Wiederholungen, die Töne sowie die Lautstärke der Alarme können an Deine persönlichen Bedürfnisse angepasst werden.

Wenn Du Dich versichern möchtest, ob, wie oft und wann Du einen bestimmten Wecker hergestellt hast, dann fragst Du einfach: "Alexa, welche Weckzeit ist für morgen gestellt?" Klingelt ein Wecker, so kannst Du ihn stoppen, indem Du sagst: „Alexa, Stopp." Oder: „Alexa, schlummern." Du wirst dann 9 Minuten später erneut geweckt werden.

Das Stellen und das Verwalten der Timer funktionieren genauso, wie bei den Weckern. Beispiel:

„Alexa, stelle den Timer auf (X) Minuten."

Es gibt noch einige weitere spezielle Sprachbefehle, die spezifisch für den Timer sind:

„Alexa, wie viel Restzeit ist noch in meinem Timer?" / „Alexa, beende meinen Timer (für X Minuten)."

Klingelt ein Timer, kannst Du ihn mit „Alexa, stopp." abschalten.

Erinnerungen

Alexa sorgt dafür, dass Du nie mehr etwas vergisst. Ganz gleich, ob es sich dabei um wichtige Termine handelt, um wichtige Aufgaben, die Du endlich erledigen musst oder darum, Deinen Goldfisch oder Deine Katze zu füttern. Sag es einfach Alexa, und sie wird Dich in jedem Fall rechtzeitig daran erinnern, dass Du nie mehr etwas vergisst oder verpasst. Deine Erinnerungen kannst Du ganz genauso wie bei dem Wecker und Timer im Menü unter „Notizen und Timer" verwalten. Beispiel für einen Sprachbefehl:

„Alexa, erinnere mich daran, (Ereignis plus Tag / Uhrzeit)."

Kalender und Listen

Du kannst eine ganze Reihe von verschiedenen Kalendern mit Alexa verknüpfen:

• iCloud

• G-Mail

• G Suite

• Office 365

• Outlook

- Hotmail

- Live

Einen Kalender mit Alexa zu verknüpfen, ist überhaupt nicht schwer: Du wählst wieder die Rubrik „Einstellungen", gehst dann auf das Feld „Kalender" und wählst dann Dein Kalenderkonto aus der Liste, der von Alexa unterstützten Anbieter aus. Jetzt tippst Du auf „verknüpfen", und dann gib die Zugangsdaten für Deinen Account ein, und erlaube damit Alexa den Zugriff. Je nachdem, welchen Kalender Du verwendest, kann es sein, dass Du zusätzlich noch einige weitere Schritte zur Verifizierung und Authentifizierung absolvieren musst. Dazu folgst Du jeweils den Anweisungen in der entsprechenden App. Wenn das verknüpfte Konto mehrere verschiedene Kalender umfasst, so kannst Du außerdem festlegen, auf welche davon Alexa Zugriff haben soll.

Wenn Du etwas in den Kalender eintragen möchtest, dann sagst Du einfach: „Alexa, füge (Ereignis) für (Tag) um (Uhrzeit) zu meinem Kalender hinzu."

„Alexa, was steht auf meiner (Einkaufs- /To do-Liste)?"

Du kannst in jeder Liste bis zu 100 Elemente mit jeweils maximal 256 Zeichen abspeichern. Die Listen, die Du mit Alexa erstellt hast, kannst Du ebenso gut offline einsehen und bei Bedarf mithilfe Deines Notebooks oder eines PCs ausdrucken. Um Deine Alexa-Listen zu verwalten oder zu bearbeiten, musst Du im Menü Deiner App „Listen" auswählen. Jetzt kannst Du verschiedene Punkte zu den Listen hinzufügen, und Du kannst Punkte durch das Anhaken der Kontrollkästchen als erledigt markieren, oder löschen. Du kannst außerdem Inhalte jederzeit per Sprachbefehl mit der Anweisung „Alexa, füge (Artikel) zu meiner (Einkaufs- / To do-Liste) hinzu," auf eine Liste setzen. Außerdem gibt es die Möglichkeit, auch einige Drittanbieter von Listendiensten mit Alexa zu verknüpfen. Dazu tippst Du in den Einstellungen unter „Listen" Deine gewünschten Drittanbieter an, gibst Deine Zugangsdaten für Deinen Account ein und wählst „verknüpfen".

Nach Herzenslust shoppen mit Amazon

Es wird Dich sicherlich nicht überraschen, dass Du mithilfe von Alexa auch Bestellungen über Amazon tätigen kannst. Allerdings kannst Du mit Alexa lediglich Primeprodukte bestellen. Wenn Du mithilfe von Alexa einen Artikel bestellen möchtest, dann benutzt Du den folgenden Sprachbefehl: „Alexa (Name des Artikels) bestellen." und dann „ja", wenn Alexa den richtigen Artikel gefunden hat. Du kannst mit dem Sprachbefehl „Alexa, füge (Name des Artikels) zu meinem Einkaufswagen hinzu" verschiedene Produkte in Deinen Amazon-Warenkorb schieben. Natürlich kannst Du Deine Bestellung auch stornieren. In diesem Fall benutzte den Befehl: „Alexa storniere meine Bestellung."

Smart Home

Alexa kann noch wesentlich mehr: Du kannst sie nämlich mit zahlreichen verschiedenen Smart-Home-Geräten verbinden. Dazu gehören verschiedene Lampen und Thermostate, um die Raumtemperatur zu regeln. Es gibt inzwischen eine ganze Reihe von verschiedenen Herstellern, die solche Geräte anbieten. Du kannst eine vollständige Liste mit den aktuell kompatiblen Geräten online auf dem Smart-Home-Shop abrufen. Damit Du Alexa mit einem Smart-Home-Gerät nutzen kannst, brauchst Du einen passenden Skill, je nachdem, um welchen Hersteller und um welche Funktion es sich handelt. Du kannst diesen Skill im Menü der Alexa-App unter „Skills" oder aber auf der Webseite direkt im Skillstore suchen und aktivieren. Jetzt musst Du den dortigen Anweisungen folgen, damit Du Deine Smart-Home-Geräte mit Alexa verbinden kannst und Dein neues smartes Zuhause per Sprachbefehl steuern kannst.

IFTTT

Es gibt einen Drittanbieterdienst mit der Abkürzung IFTTT. Dieser Dienst ermöglicht ein besseres und wesentlich harmonischeres Zusammenarbeiten der verschiedenen Geräte, Apps und Webseiten. Es lassen sich damit Regeln, sogenannte Applets erstellen. Mithilfe dieser Applets kannst Du verschiedene Vorgänge automatisieren, immer nach dem Prinzip „wenn Ereignis A eintritt, führe Aktion B aus". Du kannst den Dienst mit Alexa nutzen. Sehen wir uns einfach einmal ein kleines Beispiel an: Du kannst zum Beispiel mit dem richtigen Applet dafür sorgen, dass Alexa vollautomatisch eine Erinnerung abspeichert, wenn Du sie nach Terminen für Sportveranstaltungen Deiner Lieblingsmannschaften fragst. IFTTT macht es außerdem möglich, dass Du Alexa mit Webseiten verknüpfen kannst, die eigentlich offiziell noch nicht mit dem Dienst kompatibel sind. Damit das funktioniert, musst Du allerdings ein zusätzliches Konto bei IFTTT eröffnen.

Dazu gehst Du auf die Website https://ifttt.com/amazon_alexa, wählst „Sign up", um ein neues Konto anzulegen. Solltest Du bereits ein Konto angelegt haben, wählst Du einfach „Sign in".

Folge dem Anmeldungsprozess. Leider steht die Webseite bisher nur in englischer Sprache zur Verfügung. Wenn Du Dich erfolgreich angemeldet hast, tippst Du auf „connect". Zum Abschluss gibst Du noch die Zugriffsdaten für Dein

Amazonkonto ein und verknüpfst IFTTT damit. Du wirst jetzt bereits eine ganze Reihe von vorgefertigten Applets für Alexa vorfinden, die Du einfach mit einigen Klicks aktivieren kannst. Es kann allerdings nach jeder Aktivierung bis zu 1 Stunde dauern, bis das Applet tatsächlich funktioniert. Für jedes Applet gibt es einen dazugehörigen Sprachbefehl, der dazu dient, das jeweilige Applet auszulösen.

Du kannst sogar selbst Applets erstellen. Das ist ein klein wenig komplizierter, aber trotzdem letztlich nicht allzu schwer. Dafür erstelle zuerst den Auslöser, indem Du auf das Pluszeichen vor „this" klickst. Beispiel für einen Auslöser: Sprachbefehl. Im nächsten Feld kannst Du dann den ausformulierten Befehl festlegen und anschließend „Create Trigger" auswählen. Jetzt fehlt nur noch die gewünschte Reaktion, auf den von Dir soeben erstellten Auslöser. Dazu wählst Du jetzt den Webdienst aus, den Du mit Alexa verknüpfen möchtest. So kannst Du beispielsweise Facebook oder Twitter mit Alexa verknüpfen und jeweils eine bestimmte Aktion festlegen. Je nachdem, welchen Dienst und welche Aktion Du jetzt ausgewählt hast, hast Du die Möglichkeit, noch einige weitere detailliertere Einstellungen vorzunehmen, bevor Du schließlich das Applet mit einem Klick auf „finish" abspeicherst.

Alexa und ihre Skills

Inzwischen existieren mehr als 7.000 Skills der verschiedensten Arten für Alexa. Du kannst diese Skills in der App oder auf der Alexa-Webseite im Skills-Shop finden. Es gibt zu jedem Skill einen dazugehörigen Sprachbefehl und wenn nötig eine Anleitung, die Dir dabei hilft, den entsprechenden Skill einzurichten. Dazu tippst Du auf „aktivieren" oder Du sagst: „Alexa, Skill (Namen) aktivieren", um Alexa eine neue Fähigkeit beizubringen. Du kannst Skills, die Du selbst hinzugefügt hast, zu jedem beliebigen Zeitpunkt wieder deaktivieren, indem Du entweder die entsprechende Schaltfläche betätigst, oder Du sagst: „Alexa, Skill (Name) deaktivieren." Probiere es ruhig aus, teste verschiedene Skills. Du brauchst Dir um den Speicherplatz keine Gedanken zu machen. Alexa ist vollständig Cloud basiert und hat somit unendlich Speicherplatz zur Verfügung. Wir möchten Dir an dieser Stelle einige Skills vorstellen, die besonders nützlich sind und die besonders gut bewertet worden sind. Das Ganze ist unterteilt in verschiedene Kategorien, damit es etwas übersichtlicher wird, und Du leichter Skills finden kannst, die zu Deinen Interessen passen.

Wirtschaft und Finanzen

- Börse Frankfurt. Aktuelle Aktienkurse und Indexstände
- Planet Home Immobilienbewertung: kostenlose und schnelle Werteinschätzung von   Immobilien
- Smartsteuer: Erklärt Begriffe rund um Deine Steuererklärung
- Bitcoinkurs: Sagt Dir jederzeit den aktuellen Bitcoinkurs in Euro und Dollar
- Trader Fox: Hier bekommst Du Börsenzitate, Trading-Ideen und aktuelle Marktberichte

Sport

- Formel-1 Fan: Hier gibt es Infos rund um die Formel-1, darunter Ranglistenstatistiken und Renntermine
- Toralarm: Hier findest Du die Spielergebnisse und Tabellen der 1.-3. deutschen Fußballligen
- Olympische Sommerspiele / Winterspiele: Dies sind zwei

separate Skills, die Dir Infos rund um die kommenden
olympischen Winter- oder Sommerspiele liefern

Shopping

- Vergleich.org: Vergleichsprodukte aus über 2600
  verschiedenen Kategorien nach Kriterien wie Preis,
  Leistung, Service und Tarif

- Monsterdealz.de: Hier findest Du Infos zu den besten
  Angeboten von Deutschlands schnellstem
  Schnäppchenblog

- Deal des Tages: die täglichen Schnäppchentipps der
  Chipredaktion

- Sag mir den Preis: Hier erhältst Du Preisangaben für Produkte
  mit dem direkten Vergleich zu dem von Amazon
  angebotenen Preis

- Real: alles über die aktuellen Angebote, News und Rezepte der
  Real-Supermarktkette

Smart Home

- ioBroker SmartHome: damit kannst Du Smart-Home-Geräte
  steuern und es vereinfacht die Verwaltung

- Homee: Damit verbindest Du Smart-Home-Geräte und es
  vereinfacht die Steuerung über Alexa

- Controlicz: Hiermit findest und verbindest Du Smart-Home-
  Geräte, die von Domoticz Smart-Home-Software
  verwaltet werden

- Sonnen: Abfrage von Informationen zur Sonnenbatterie

- Smart Live: Verwaltung von Smart-Home-Geräten zur
  Beleuchtung

- Myfox Security: Bedienung von Myfox-Alarmen und Kameras
- Hue: Skill der Philips Hue Lampen.

4. 2017 kompatibel mit Amazon Echo

Inzwischen gibt es immer mehr Produkte, die mit Alexa kompatibel sind und mit Amazon Echo gesteuert werden können. Es vergeht kaum ein Tag, wo nicht irgendein Hersteller ein neues Produkt auf den Markt bringt, das mit Alexa arbeiten kann. Lautsprecher, Gardinensteuerungen, sogar connected Cars und fast alle elektrischen Geräte, die man in einem klassischen Haushalt findet, können mit Alexa gesteuert werden. Braucht man das wirklich? Keine Ahnung, aber wir werden hier einen Überblick über die aktuell für Amazon Echo erhältlichen Geräte und Produkte geben, die schon heute im Handel erhältlich sind. Die Liste erhebt keinen Anspruch auf Vollständigkeit. Bei der schnellen Entwicklung werden bei Erscheinen dieses Buches bereits weitere Produkte dazu gekommen sein.

Noch ein wichtiger Hinweis: Viele der Produkte sind direkt mit Amazons Alexa steuerbar. Etliche benötigen aber auch eine zusätzliche Zentraleinheit des jeweiligen Herstellers, damit das Zusammenspiel funktioniert.

Heizungswärme mit Alexa regulieren – Thermostate mit Sprachbefehl

Flexible Heizkörperthermostate, die mit Alexa sprachgesteuert werden, sorgen für Wärme im Winter und angenehme Temperaturen im Sommer. Mit Alexa kannst Du die Temperatur auf Zuruf hoch regeln, sodass es bereits mollig warm ist, wenn Du morgens aus dem Bett steigst. Immer mehr Hersteller bringen Komponenten für Heizungen und Klimaanlagen auf den Markt, die mit Alexa kompatibel sind. Zum Angebot gehören nicht nur Thermostate, sondern auch Zusatzmodule für Klimaanlagen oder Rauchmelder.

Bitron: Der Hersteller Bitron bietet seinen Kunden sowohl vernetzte Thermostate als auch Rauchmelder und Zwischenstecker an, die in Kombination mit dem Homematic oder dem Quivicon Smart-Home-System per Alexa steuerbar sind.

Devolo: Dank eines speziellen Devolo-Skills müssen die Komponenten dieses Herstellers nicht mehr über Umwege mit dem Amazon Echo verknüpft werden. Zur Optimierung des Raumklimas bietet das Devolo Smart-Home-System viele verschiedene Lösungen. Mit Alexa kompatibel sind zum Beispiel folgende Devolo- Produkte: Devolo Homecontrol Starterpaket, Devolo Homecontrol Luftfeuchtemelder, Devolo Homecontrol Wassermelder, Devolo Homecontrol Raumthermostat, Devolo Homecontrol Heizkörperthermostat und viele mehr.

Ecobee3: Nicht nur mit Alexa sind die Ecobee3-Thermostate steuerbar - es gibt sogar eine Apple-Watch-App dafür.

Homematic IP: Wer sich für das Homematic IP System entscheidet, hat die Qual der Wahl zwischen unzähligen smarten Komponenten. Mit Alexa kompatibel sind zum Beispiel: der Homematic IP Heizkörperthermostat 140280 oder der Homematic IP Wandthermostat mit Luftfeuchtigkeitssensor 143159A0.

Honeywell: Lange Zeit Vorreiter im Bereich der smarten Heiztechnik ist der smarte Honeywell Lyric Thermostat - auch mit Unterstützung durch Alexa eine lohnenswerte Investition. Mit Amazon-Alexa können zum Beispiel der Honeywell evohome Funkraumthermostat T87RF2059, das Honeywell evohome Gateway-Starterpaket THR992GRT oder das Honeywell evohome zentrales Bediengerät, THR928SRT gesteuert werden.

innogy: Das Innogy SE-System gehört zu den populärsten Smart-Home-Systemen und ist vielen Technikfans auch unter der vorherigen Bezeichnung RWE bekannt. Zur innogy Produktpalette gehört eine große Auswahl an Sensoren, Thermostaten und smarten Steckern. Mit Alexa kompatibel ist zum Beispiel der innogy SE Smart-Home-Heizkörperthermostat 10267395. Hier geht es zu unserem innogy Praxistest.

Nest: Die Nest-Thermostate lernen mit der Zeit die Gewohnheiten der Hausbewohner kennen und passen sich ihnen an. Auch sie sind mit Alexa steuerbar.

Netatmo: Die smarte Messung und automatische Anpassung der Raumtemperatur durch den smarten Netatmo-Thermostat hilft beim Energiesparen.

Tado: Der deutsche Klassiker, das Tado-Thermostat, lässt sich intuitiv bedienen und verfügt über einen eigenen IFTTT-Kanal. Auch mit Alexa kompatibel ist übrigens das tado° Extension Kit (Zusatzprodukt). Dabei handelt es sich um einen Funkempfänger für die Heizungsanlage (für Einfamilienhäuser ohne Raumthermostat oder mit Funkthermostat).

Honeywell Lyric smartes WIFI-Thermostat mit Geofencing Honeywell Lyric smartes WIFI-Thermostat mit Geofencing (Honeywell).

Smarte Steckdosen und Zwischenstecker mit Alexa sprachsteuern

Zum Glück ist es nicht nötig, alle herkömmlichen elektrischen Haushaltsgeräte auszutauschen und gegen neue zu ersetzen. Auch herkömmliche Haushaltsgeräte können mit Alexa arbeiten, wenn sogenannte Smart Plugs verwendet werden. Smart Plugs machen es möglich, dass auch herkömmliche Geräte von Alexa gesteuert werden können. Wasserkocher, Fernseher, Computer, Toaster – es gibt nichts, was nicht mit einer vernetzten Steckdose über Alexa gesteuert werden kann. Es gibt sogar Produkte mit Zusatzfunktionen, die es zum Beispiel möglich machen, Lampen zu dimmen.

Belkin WeMo Switch: Das Belkin-System ein nutzerfreundliches Allroundtalent. Es lässt sich einfach installieren, bequem mit Amazon-Alexa steuern und mit IFTTT verbinden. Die Kommunikation erfolgt per WLAN. Leider ist die Auswahl an Komponenten nicht besonders groß.

ELEGIANT: Die ELEGIANT Smart WiFi WLAN-Steckdose kann neben Alexa auch noch zusätzlich mit dem Google Home gesteuert werden. Passend dazu bietet der Hersteller zudem eine eigene LED Bulb an.

mydlink Home (DSP-W215): Kann unter anderem Push-Benachrichtigungen senden, Energieplanung durchführen und verfügt über WiFi Protected Setup (WPS). Sie ist bisher eine der wenigen, die keine Extrazentrale benötigt. Weitere Informationen zu Plugs von mydlink finden Sie in diesem Artikel: mydlink Home Smart Plug mit Amazon Echo kompatibel.

WeMo Insight Switch / WiFi Smart Plug. Die WeMo Smart Plugs gehören ebenfalls zu der begrenzten Auswahl an Zwischensteckern, die direkt mit Alexa kompatibel sind und mit ihr gesteuert werden können.

TP-Link HS 100: Diese smarte WLAN-Steckdose gehört zu den beliebtesten Modellen auf Amazon. Sie ist auf Wunsch auch als Mini- oder Energiesparversion erhältlich. Die TP-Link HS 100 Steckdose kann zum Beispiel über einen Abwesenheitsmodus Lampen automatisch ein- und ausschalten, um den Eindruck zu erwecken, die Bewohner seien zu Hause.

TP-Link HS 110: Ebenfalls sehr beliebt ist die smarte Steckdose TP-Link HS 110. Sie ist als klassischer Smart Plug in Kombination mit einer Verbrauchsanzeige oder sogar mit Repeaterfunktion erhältlich, um das WLAN-Signal zu verstärken. Somit ist die TP-Link HS 110 WLAN-Steckdose unser absoluter Redaktionsliebling.

Queta Plug: Der Queta Plug ist ein besonders günstiger Zwischenstecker zur Steuerung normaler Geräte mit Alexa. Allerdings kann er diese auf Zuruf nur an- oder ausschalten und darüber hinaus weder dimmen, noch auf andere Art und Weise steuern.

Eine Ausnahme stellen Spezial-Plugs dar, die von manchen Herstellern extra für ihr eigenes Smart-Home-System entwickelt wurden. Das heißt allerdings: Bestimmte Marken-Plugs, zum Beispiel von Innogy, OSRAM LIGHTIFY oder Homematic IP funktionieren nur im Zusammenspiel mit anderen Komponenten des Herstellers und nicht mit jedem beliebigen Smart-Home-Produkt.

Homematic IP Schaltsteckdose: Voraussetzung für ihre Nutzung ist ein Homematic IP Access Point und die Installation des speziellen Homematic IP Alexa-Skills. Um den Stromverbrauch messen zu können, bietet der Hersteller außerdem die Homematic IP Schalt-Mess-Steckdose. Leider hat keine von ihnen eine Dimmfunktion. Zusätzlich sind auch folgende Modelle mit Alexa kompatibel: Homematic IP Schalt-Mess-Aktor-Unterputz 142721A0 und der Homematic IP Dimmaktor für Markenschalter 143166A0.

Innogy Smart Home Zwischenstecker: Der intelligente innogy Zwischenstecker bietet zum Beispiel (in Kombination mit der Innogy SE Smart-Home-Zentrale) die bisher sehr innovative

Möglichkeit, Lampen zu dimmen und sie mit Alexa zu steuern.

OSRAM LIGHTIFY Plug: ist für die Einbindung von nicht Zigbee-fähigen Smart-Home-Komponenten gedacht. Die Steuerung des Plugs ist über die LIGHTIFY-App, den LIGHTIFY-Switch oder per Knopfdruck am Gerät möglich. Um den OSRAM LIGHTIFY-Plug nutzen zu können, muss eine Osram Gateway oder eine Philips Hue Bridge installiert sein.

Sonoff S20 WIFI Smart Steckdose: Diese smarte Steckdose ist besonders günstig und erst seit wenigen Tagen mit Alexa kompatibel - also noch ein echter Geheimtipp für Schnäppchenjäger.

Kameras – Überwachung und Kommunikation mit Alexa-Anbindung

Überwachungskameras mit Sprachfunktion übernehmen in Zukunft die Aufgaben klassischer Gegensprechanlagen. Ihr Vorteil liegt nicht nur in der verbalen Steuerung, sie können auch Videoaufnahmen in Echtzeit auf das Smartphone des Haus- oder Wohnungsbesitzers schicken. Einige Überwachungskameras, die mit Amazon-Alexa kompatibel sind, hier im Überblick:

Amazon Cloud Cam: Mit seiner ersten eigenen Überwachungskamera, der Amazon Cloud Cam, will der Amazonkonzern die Nutzung von Alexa zur Hausüberwachung noch einfacher machen. Die Amazon Cloud Cam bietet eine gute 1080p Full HD Bildauflösung mit Nachtsichtfunktion und Zweiwege-Audio. Allerdings ist sie kabelgebunden und damit nicht so flexibel, wie zum Beispiel die wetterfeste und vor allem kabellose Blink XT.

Blink XT: Die Blink XT Überwachungskamera ist für den Outdoorbereich geeignet, mit Infrarot-Nachtsichtfunktion sowie

Videostreaming-Möglichkeit ausgestattet und natürlich mit Alexa kompatibel. Zusätzlich können ihre Funktionen über IFTTT personalisiert werden.

Honeywell: Das Honeywell Smart-Home-Sicherheitssystem ist zwar aktuell noch ein Indiegogo-Crowdfunding-Projekt, hat aber sein Finanzierungsziel bereits erreicht und soll ab 2018 erhältlich sein. Das Besondere am Honeywell-Sicherheitssystem ist nicht unbedingt die Alexa-Anbindung, sondern die Tatsache, dass es einen eigenen Hub umfasst, der mit ganz verschiedenen Funkstandards genutzt werden kann und zusätzlich individuelle Gesichtserkennung ermöglicht.

iCamera KEEP Pro: Sie verfolgt nicht nur jede Bewegung, die iCamera KEEP Pro Überwachungskamera kann auch durch ihre Zweiwege-Audiokommunikation als Fernsprechanlage genutzt und mit Alexa gesteuert werden.

IP-Cam Spotcam Sense: Ist nicht nur mit Alexa, sondern auch mit Philips Hue, Nest und vielen anderen smarten Produkten kompatibel. Weitere Informationen findest Du in unserem Artikel zur IP-Cam Spotcam Sense.

Devolo LiveCam Starter Kit Powerline: aus der beliebten Devolo-Produktlinie. Diese DLAN-Kamera ist die für private Überwachungszwecke gedacht und mit Powerlinetechnik ausgestattet. Zur Bildübertragung nutzt sie die Stromleitung.

Smart Locks und WLAN-Türschlösser über Alexa ver- und entriegeln

Die Tür auf Zuruf auf- oder abschließen? Das klingt im ersten Moment ungewöhnlich, hat aber eine Menge Vorteile. Wer zum Beispiel in der Küche alle Hände voll zu tun hat, kann so seinen Kindern oder Freunden die Haustür öffnen. Notfalls lässt sich über ein Alexa kompatibles Schloss die Haustür sogar dann abschließen, wenn man abends bereits im Bett liegt und keine Lust hat, noch mal aufzustehen.

August Smart Lock: Der Hersteller dieses vernetzten Schlosses hat es nicht nur Alexa kompatibel gestaltet, sondern sich auch direkt eine HomeKit-Zertifizierung verleihen lassen. Sogar mit dem Google-Home-Lautsprecher ist das August Smart Lock (über Umwege) nutzbar. Darüber hinaus kann das August Smart Lock mit der August Doorbell-Cam verknüpft und somit als vollfertige Video-Gegensprechanlage genutzt werden.

Nuki Smart Lock: Das Nuki Smart Lock gibt es als elektrisches Türschloss für Privathaushalte oder in Kombination mit dem Schließsystem, Nuki-Web für größere Gebäudekomplexe. Zur Vernetzung wird einfach das Nuki-Gehäuse über ein klassisches Schloss (mit eingestecktem Schlüssel) montiert und per Nuki-Skill vernetzt. Schon kann die Tür (von innen) über Alexa oder (von innen und außen) per Smartphone geöffnet werden. Falls das Smartphone verloren geht, lässt sich das Nuki Smart Lock zusätzlich durch die Eingabe eines Sicherheitscodes über die Herstellerhotline entsperren.

Kopfhörer beim Sport und in der Freizeit mit Alexa steuern

Wer wartet schon gerne ewig auf Bus und Bahn oder an der Supermarktkasse? Wie gut, dass es smarte Kopfhörer gibt, die die langweilige Wartezeit versüßen und ihrem Besitzer nebenbei aufs Wort gehorchen. Zwei davon lassen sich mit Amazon-Alexa steuern und stellen wir hier vor:

Ov von Oval: Die Batterie der Ov-Kopfhörer hält bei vollem Betrieb 8 Stunden durch und ermöglicht komfortablen

Musikgenuss durch das flexibel anpassbare Nackenband.

Air: Nie wieder Kabelgewirr, versprechen die Bluetoothkopfhörer Air. Sie sind wasserfest und besitzen ein eingebautes Mikrofon sowie eine beeindruckende Treibermembran aus 998 Kohlenstoffnanoröhren.

Vinci: spielt nicht nur Musik ab. Die Vinci-Kopfhörer haben auch eine Aufnahmefunktion und eine Speicherkapazität von 16 GB.

Smarte Lautsprecher für umfassend guten Partysound

Bei großen Partys sorgt gute Musik erst für die richtige Stimmung. Auch im Alltag und bei Treffen in gemütlicher Runde ist Musik mit guter Klangqualität wichtig. Die hier vorgestellten Modelle können jederzeit spontan mit Alexa gesteuert werden – auch dann, wenn der Gastgeber beim Kochen mal alle Hände voll zu tun oder keine Lust zum Aufstehen hat.

Amazon Echo Lautsprecher

Den Amazon Echo Lautsprecher gibt es inzwischen in vielen verschiedenen Varianten. Wir stellen sie im Kurzüberblick vor.

Amazon Echo: Erster smarter Lautsprecher von Amazon mit der Sprachassistentin Alexa. Bisher ist der Amazon Echo der beliebteste Alexa-fähige Lautsprecher bei deutschen Technikfans. Inzwischen macht ihm allerdings die Amazon Echo 2 Variante erheblich Konkurrenz.

Amazon Echo 2: Aufgrund vieler Nutzerkommentare musste Amazon erkennen, dass seine erste Echo-Version noch nicht wirklich den Nutzungs- und Designansprüchen vieler deutscher Verbraucher entsprach. Deshalb soll der deutlich kleinere, edler designte und vor allem günstigere Amazon Echo 2 nun endgültig ganz Deutschland für Smart-Home-Technik begeistern. Abgesehen davon wurden auch die technischen Funktionen deutlich ausgeweitet.

Amazon Echo Plus: Diese Echo-Variante hat direkt einen eigenen Hub integriert und ermöglicht so eine besonders komfortable Smart-Home-Steuerung ganz ohne zusätzliche Zentrale. Außerdem lassen sich auf dem Amazon Echo Plus deutlich leichter Dritt-Apps installieren als beim normalen Amazon Echo.

Echo Dot: Dieser kompakte Lautsprecher ist sozusagen der kleine Bruder des Amazon Echo und wird deshalb oft als günstige Ergänzung genutzt. Der Echo Dot hat die gleichen Funktionen wie der Amazon Echo, nur seine Klangqualität ist etwas niedriger.

Echo Tap: Noch kleiner ist der Amazon Tap, der als eine Art tragbare Miniversion bisher leider nur in den USA erhältlich ist.

Amazon-Echo-Buttons: Bei diesen fröhlich-bunten Knöpfen handelt es sich um das allererste Echo Gadget. Mit den Amazon-Echo-Buttons kommt nie wieder Langeweile auf, denn sie fungieren als Spielbuzzer. Erhältlich sind sie bisher noch nicht, doch es wurde bereits angekündigt, dass mit ihnen das Musikspiel Beat the Intro und die Schatzsuche Dungeon Escape gespielt werden können.

Amazon Echo Connect: Wer kein Festnetztelefon (mehr) besitzt, kann über den Amazon Echo Connect per Alexa-Call Anrufe tätigen oder entgegennehmen. Ganz ohne Tasten erfolgt die Bedienung ausschließlich über Sprachbefehle.

Amazon Echo Spot: Mit einer Wecker- und einer Videofunktion soll sich diese Lautsprechervariante von allen anderen abheben.

Er kann zudem mit vielen Watch-Interfaces personalisiert werden. Weitere Informationen dazu liefert der Artikel "Amazon Echo Spot – der kugelige Hybrid aus Dot und Show".

Weitere Alexa kompatible Lautsprecher:

Allview V-Bass: mit einer iOS App können zwei V-Bass Lautsprecher zu einem Stereopaar gekoppelt werden. Doch auch alleine macht der kompakte Bluetooth-Lautsprecher eine gute Figur. Er kostet gerade einmal 55 Euro (UVP, Stand: April 2017) und ist über die Herstellerwebsite von Allview erhältlich.

Bose SoundLink Mini Bluetooth speaker II: Dieser Lautsprecher ist klein aber oho. Er verfügt über zwei Passivstrahler und einen Hochleistungsschallwandler - und ist mit Alexa kompatibel. Weitere Informationen zum SoundLink Mini Bluetooth speaker II liefert die Herstellerseite von Bose.

Denon Heos: Die smarten Lautsprecher von Denon Heos streamen nicht nur Musik aus der riesigen Musikbibliothek von Amazon Prime, sondern ermöglichen auch synchrone Musikwiedergabe im ganzen Haus.

Invoxia: Im Gegensatz zu Triby IO, der noch nicht erhältlich ist, gibt es das vergleichbare Modell Invoxia bereits zu kaufen. Das smarte Küchenradio verfügt nicht nur über Alexa-Kompatibilität und eine Fernsprechfunktion, sondern ist auch in verschiedenen, fröhlichen Farben erhältlich (zum Beispiel gelb, blau oder rosa). Über das Invoxia-Display können sogar selbst gezeichnete Skizzen oder eigene Texte angezeigt werden.

Magenta Smart Speaker: Der erste deutsche Smart-Home-Lautsprecher wird von Magenta angeboten und reagiert dementsprechend auch auf „Hallo Magenta". Allerdings bietet der Hersteller den Magenta-Smart-Home-Speaker vorerst nur eigenen Kunden an und das auch erst ab Frühjahr 2018.

MEDION P61110 Lautsprecher: Mit seinem neuen Alexa kompatiblen Lautsprecher P61110 möchte Medion die Herzen von Schnäppchenjäger erobern und plant deshalb die Markteinführung Ende 2017 über Discounter wie Aldi und Co.

Teufel Raumfeld One M WLAN-Lautsprecher: Lässt sich über den Klinkenstecker und Chinch mit Stereo L Lautsprechern verbinden. Laut Herstellerangaben unterstützt der Lautsprecher alle typischen Formate wie MP3, Flac, WMA, AAC, Opus und verwaltet diese automatisch formatübergreifend.

Sugr Cube : Der WLAN-Lautsprecher Sugrs Cube besitzt ein außergewöhnliches würfelförmiges Design in Holzoptik. Darin versteckt sich ein Breitbandlautsprecher, der von Neodymmagneten angetrieben wird.

Sonos: Alexa kompatible Sonos Lautsprecher sind voraussichtlich ab Ende 2017 verfügbar. Mit der Yonomi-App können die Sonos Lautsprecher aber trotzdem schon mit Alexa gesteuert werden.

Triby IO: Der Lautsprecher wurde von Invoxia entwickelt und verbindet Radiodesign mit überraschend smarten Zusatzfeatures. So kann Triby IO zum Beispiel auch Playlists von Spotify abspielen.

Das richtige Licht mit Alexa

Neben der passenden Musik hilft besonders gemütliche Beleuchtung dabei, den Alltagsstress zu vergessen. Egal, ob Du Deinen Feierabend mit einem guten Buch in der Badewanne oder mit einem Glas Rotwein auf dem Sofa verbringst - die hier vorgestellten smarten Beleuchtungselemente können mit der Sprachassistenz Amazon-Alexa noch bequemer genutzt werden.

Aurora: Diese dreieckigen Lichtpannels lassen sich individuell zu geometrischen oder abstrakten Formen kombinieren und passen sich mit ihren beliebig veränderbaren Farbtönen jeder Stimmung an. Außerdem sind alle Aurora-Lampen per App oder HomeKit steuerbar.

Dimmbare Retrofit RGBW LED Lampe: Diese smarte Lampe ist wireless dimmbar, über die Philips Hue-App und passt in herkömmliche E27 Fassungen. Sie ist auch als warmweiße Version erhältlich und zusätzlich mit dem OSRAM LIGHTIFY System kompatibel. Außerdem mit Alexa kompatibel sind: der Innr GU10 LED spot und das 7er Set Innr Smart RGBW LED E27.

IKEA TRÅDFRI: Die IKEA TRÅDFRI-Lampen sind sowohl mit den Echo Lautsprechern als auch mit dem HomeKit von Apple steuerbar. Zur TRÅDFRI-Lampenserie gibt es sogar einen eigenen IKEA TRÅDFRI-Skill, über den sich zum Beispiel folgender Sprachbefehl ausführen lässt: "Alexa, dimme das Licht im Wohnzimmer um 25 %." Der schwedische Möbelriese bietet im Rahmen seiner TRÅDFRI-Beleuchtungsserie zudem auch eine Fernbedienung und ein Dimmer-Set an. Das Dimmer-Set besteht aus einem runden Steuerungsbutton und einer LED-Birne mit warmweißem Lichtspektrum.

LOHAS: Die in Deutschland noch eher unbekannte Marke LOHAS, hat inzwischen ebenfalls Alexa kompatible Lampen auf den Markt gebracht. Eine davon ist zum Beispiel die LOHAS E27 Multifunktionale Smart LED mit 9 W und Energieeffizienzklasse A+.

OSRAM LIGHTIFY: ist etwas günstiger als Philips Hue. Darüber hinaus bietet OSRAM LIGHTIFY ebenfalls eine breite Palette an Alexa kompatiblen Geräten. Zum Beispiel Folgende:

OSRAM LIGHTIFY Classic A LED-Glühlampe 10 W / E27, OSRAM LED Gartenleuchte LIGHTIFY Gardenspot Mini 9 Spots, OSRAM LIGHTIFY PAR16 LED-Reflektorlampe Tunable White oder OSRAM LIGHTIFY Surface Light LED-Wand- und Deckenlampe Tunable White.

Philips Hue: Alle Lampen von Philips Hue hören mithilfe von Alexa aufs Wort. Sie gehören nicht nur zu den beliebtesten smarten Beleuchtungselementen überhaupt, sondern überzeugen auch durch eine lange Lebensdauer und die einfache Bedienung. Mit Alexa nutzbar sind zum Beispiel diese Modelle: Philips Hue White Ambiance LED GU10, Philips Hue E14 LED Kerze, Philips Hue White LED Lampe E27 oder die Philips Hue Beyond Deckenleuchte. Übrigens auch kompatibel ist der Philips Hue Wireless Dimming-Schalter. Natürlich bietet der Platzhirsch neben unzähligen LED-Birnen-Varianten auch passende smarte Lichtschalter an, die mit der Sprachassistentin von Amazon bedient werden können. Zur Auswahl stehen der eher klassische anmutende, eckige Philips Hue Dimmer und der runde Philips Hue Tab. Beide sind eine gute Lösung für Smart-Home-Einsteiger und besonders einfach zu vernetzbar.

Smart Lamp: Sie wirkt wie ein edles Designobjekt und kann außer der Farbe auch die Farbtemperatur wechseln. Die Smart Lamp stammt von C by GE.

Intelligente Lichtschalter mit Alexa vernetzen

Alexa-Lichtschalter für Anfänger: Für Smart-Home-Anfänger eignen sich mobile Lichtschalter, wie zum Beispiel der Philips Hue Tab oder das Hue Dimming Kit, als Ergänzung zur Sprachsteuerung über Alexa. Beide funktionieren allerdings nur in Kombination mit einer Hue Bridge, der als Dolmetscher zwischen Mensch und Maschine (bzw. Lampe) fungiert.

Alexa-Lichtschalter für Profis: Wer technisch versiert ist, kann zum Beispiel den intelligenten Lichtschalter Sonoff WiFi Smart Touch einbauen. Er ist mit allen smarten Echo-Lautsprechern nutzbar - allerdings nur, sofern er zuvor an eine Neutralleitung angeschlossen wurde.

Hinweis: Smarte Lichtschalter sind grundsätzlich dafür gedacht, überall hin mitgenommen zu werden, Geräte manuell oder über Gesten zu steuern. Sie verbal anzusprechen macht nur bedingt Sinn, weil die meisten Lampen ohnehin direkt über Alexa gesteuert werden können.

Connected Car – Beim Fahren mit Alexa steuern

Moderne Autos kommen dem sprechenden Auto K.I.T.T. aus der Serie Knight Rider schon erstaunlich nahe. Über Alexa können sie mit dem Fahrer kommunizieren und ihn sicher ans Ziel bringen. Darüber hinaus liefern die vernetzen Automodelle nützliche Informationen rund um ihr Innenleben, geben etwa auf Nachfrage Auskunft über den Stand der Tankfüllung.

Automatic Adapter: Das Smart-Home-System namens Automatic Adapter für den fahrbaren Untersatz verwandelt mit Amazon-Alexa jedes Smartphone in einen Bordcomputer.

BMW connected: Alexa ersetzt im BMW connected zukünftig unter anderem das Navigationssystem und lotst den Fahrer sicher und zeitsparend ans Ziel.

Ford: Bei Automodellen von Ford nennt Amazon-Alexa auf Nachfrage zum Beispiel den aktuellen Batteriestand.

HeaDuP: Der smarte Beifahrer HeadsUP hört Sprachbefehle dank einer Matrix mit gleich sieben Mikrofonen und der Noise-Cancelling-Technology auch bei lauter Musik.

Logitech ZeroTouch: Die Smartphonehalterung Logitech ZeroTouch mit integrierter Gestensteuerung kann ebenfalls mit Alexa gesteuert werden.

Automatic Adapter + App macht Ihr Smartphone zum Bordcomputer (Automatic Adapter).

Haushaltsgeräte mit Amazon Alexa steuern

Backofen (mit integrierter Mikrowelle): Hast Du schon mal mit Deinem Backofen gesprochen? In Zukunft ist das beim Siemens HM638GRS6 Home Connect iQ700 Backofen kein Problem mehr. Der Backofen kann dank dem Home Connect Skill und Alexa-Anbindung nicht nur antworten, sondern er verfügt sogar über eine integrierte Mikrowelle.

Gardinensteuerung: Die Gardinensteuerung Slide bewegt auf Zuruf die Gardinen. Sie ist mit Alexa kompatibel und ist nicht nur für Morgenmuffel eine gute Idee, um in Gang zu kommen.

Geschirrspülmaschine: Genau wie der bereits vorgestellte Backofen, kann auch der Siemens SN678X26TE iQ700 Home Connect Geschirrspüler mit Sprachsteuerung genutzt werden. Dafür ist lediglich die Installation des Home Connect Skills notwendig.

Waschmaschine: Die Siemens WM6YH840 iQ800 Home Connect Waschmaschine kann in Verbindung mit dem Home Connect Skill mit Alexa gesteuert werden.

Saugroboter: Der preisgekrönte Neato Botvac Connected arbeitet mit Echtzeit-Hinderniserkennung. Seit Neuestem ebenfalls mit Alexa kompatibel ist der Saugroboter Kobold VR200 von Vorwerk.

Weitere Geräte, die mit Alexa steuerbar sind

Nicht nur bei klassischen Haushaltsgeräten und Automodellen können sich Technikfans über Alexa inzwischen Gehör verschaffen: Sogar Gardinen und Staubsauger verstehen Sprachbefehle von Alexa und reagieren darauf.

Amazon eigene Alexa-Produkte:

Alexa Sprachfernbedienung: Wie der Name bereits sagt, hört diese Fernbedienung für Amazon Echo und Echo Dot aufs Wort.

Fire HD 10 Tablet: Als erstes Alexa kompatibles Tablet macht das Fire HD 10 seit Kurzem Furore und sorgt so für noch mehr Film- und Lesespaß. Es bietet außerdem ein beeindruckend großes 10,1 Zoll Breitbilddisplay. Weitere Informationen zu den Tabletmodellen von Amazon liefert unser Tabletüberblick.

Fire TV Stick: Findet Filme und Serien, auch die sprachgesteuerte Suchfunktion des Fire TV Stick berät bei der Auswahl.

Bewegungsmelder: Mit Alexa kompatibel ist zum Beispiel der Bewegungssensor von Philips Hue. Ebenfalls (in Kombination mit einer Steuerungszentrale des jeweiligen Herstellers) mit Alexa nutzbar ist der innogy-Bewegungsmelder, der Devolo-Bewegungsmelder und der Homematic IP-Bewegungsmelder.

Smart Home Gateway homee: ist seit März 2017 mit Alexa steuerbar. Weitere Informationen dazu findest Du auf der Herstellerseite von homee.

Smart Watch: Die Smart Watch Co Watch besitzt einen leistungsstarken 1,2 Gigahertz Dualcore Prozessor und kann mit Alexa gesteuert werden.

Steuerzentrale: Brilliant Control ersetzt Fernbedienungen und verwaltet alle Smart-Home-Komponenten im Haushalt – mit Alexa.

Wetterstation: Die Netatmo Wetterstation ist mit Alexa kompatibel, misst sowohl das Raumklima als auch die Außentemperatur und gibt gerne verbal darüber Auskunft.

Videosprechanlage: Mit der smarten Videosprechanlage Nucleus kann auch überregional telefoniert werden.

Smart-Home-Plattformen mit Amazon-Alexa kompatibel

Digitalstrom: Das Smart-Home-System von Digitalstrom kann weitaus mehr steuern, als nur Heizung und Licht. Über Alexa lässt sich damit zum Beispiel verbal ein Toaster einschalten oder Rollläden herunterfahren. Der Skill kann auf der Amazon-Produktseite zu Digitalstrom kostenlos heruntergeladen werden.

innogy SmartHome: Das Unternehmen ist eine Tochtergesellschaft des Energiekonzerns RWE SmartHome und stellt ebenfalls zahlreiche smarte Komponenten her, die mit Amazon-Alexa kompatibel sind. Wer ein innogy-SmartHome-Benutzerkonto besitzt, kann damit zum Beispiel auf Zuruf seinen Fernseher ausschalten, wenn das Telefon klingelt. Den Skill dazu findest Du unter Innogy Smart Home bei Amazon.

Homematic IP: Alle Komponenten von Homematic IP lassen sich aufgrund ihrer Alexa-Kompatibilität zum Beispiel über den Amazon Echo oder Echo Dot ansprechen. Zumindest solange die zusätzliche Schutzfunktion des Smart-Home-Systems nicht aktiviert ist. Diese sperrt die Sprachsteuerung, ermöglicht aber noch den Zugriff per Smartphone-App oder Fernbedienung. Hier findest Du weitere Informationen zum HomeMatic-Skill.

Qivicon / Magenta Smart Home: Die Magenta Smart Home Betaversion kann zwar schon einige smarte Geräte steuern, spricht diese aber noch nicht direkt an. Die Steuerung muss durch die Aktivierung beziehungsweise Deaktivierung einer Szene mit der Begriffskombination „Magenta Smart Home" erfolgen. Es ist also noch nicht möglich, einzelne vernetzte Geräte zu einer bestimmten Aktion aufzufordern.

Logitech Harmony: Der Alexa-Skill für Logitech Harmony ist leider noch nicht verfügbar, soll aber bald in Form einer Hub-basierten Universalfernbedienung das Smart-Home steuern. Zusätzlich soll die Einbindung von Szenen und daraus ablaufenden Befehlsabfolgen möglich sein. So könnte zum Beispiel die Aufforderung „Alexa, Film ab" die Lichter dimmen, die Musikanlage aus- und den Fernseher einschalten.

ioBroker: Diese systemübergreifende Plattform steuert viele verschiedene Haushaltsgeräte vom Rasenmäher, über Lampen (zum Beispiel von Osram oder Philips Hue) bis hin zu Waschmaschinen (zum Beispiel von Miele) und vielem mehr. Die Verbindung zu Alexa erfolgt auch in diesem Fall über einen Skill.

iHaus: Aufgrund der Verknüpfung der iHaus-App mit KNX-Geräten aus der Gebäudetechnik können beliebig viele individuelle Szenarien erstellt und gesteuert werden. Alexa kann über die iHaus-App herstellerunabhängig auf smarte Haushaltsgeräte, Heizthermostate, Glühbirnen und viele weitere Smart-Home-Devices zugreifen.

Überraschung: Die Alexa Easter Eggs

Alexa bietet eine Menge versteckter kleiner Überraschungen in Form sogenannter „Easter Eggs", zu Deutsch „Ostereier". Was hat es damit auf sich?

Was versteht man unter Easter Eggs und was macht man damit?

Mit den Easter Eggs sind keine Ostereier gemeint, sondern gut versteckte Extras und Überraschungen in unterschiedlichen Medien. Besonders beliebt sind Easter Eggs in Computerspielen. Wer ein solches virtuelles Easter Egg entdeckt, kann damit zum Beispiel ein Bonus- oder Geheimlevel freischalten. Es handelt sich dabei allerdings nicht wie oft vermutet, um versteckte Funktionen („hidden functions"): Urheber der Easter Eggs sind vielmehr häufig Programmierer, die sich ohne Wissen ihres Auftraggebers ein Denkmal setzen, indem sie eigene Signaturen oder Verweise auf vorherige Projekte einbauen. So tauchen zum Beispiel in vielen Disneyproduktionen Figuren und Gegenstände vorheriger Filme auf. Unglaublich aber wahr: Das markante Kaffeegeschirr aus „Die Schöne und das Biest" ist unter anderem im Film „Tarzan" in Großaufnahme zu sehen, als die Gorillas das verlassene Forschercamp stürmen.

Alexa Easter Eggs für Anfänger und Einsteiger

Wenn Du Alexa schon länger benutzt, dann weißt Du schon, dass Alexa auf die Begrüßung „Alexa, guten Morgen", jeden Tag eine andere Antwort liefert. Alexa hat aber noch wesentlich mehr Überraschungen parat. Im Folgenden lernst Du eine Menge von Fragen, auf die Alexa teilweise ausgesprochen originelle und schlagfertige Antworten liefert. Lass Dich überraschen.

Witzige Easter Eggs aus dem Bereich Entertainment

Alexa hat Sinn für Humor, Spaß und Unterhaltung. Du kannst Dich ganz auf ihre Qualitäten als schlagfertiger Unterhalter verlassen. Probiere doch einmal aus, was Alexa Dir zu den folgenden Fragen aus dem Bereich „Entertainment und Unterhaltung" zu sagen hat.

- „Alexa, was möchtest Du werden, wenn Du groß bist?"
- „Alexa, bist Du ein Vampir?"
- „Alexa, magst Du Eis?"
- „Alexa, wie heißt das Zauberwort?"
- „Alexa, jodle mal!"
- „Alexa, Partytime!"
- „Alexa, mach den Abwasch!"
- „Alexa, gib mir Tiernamen."
- „Alexa, kannst Du das riechen?"
- „Alexa, belle wie ein Hund!"
- „Alexa, was hältst Du von Siri?"
- „Alexa, wer hat an der Uhr gedreht?"
- „Alexa, kannst Du Beatboxen?"
- „Alexa, palim, palim."

Philosophische Fragen, die die Welt bewegen

Es gibt Fragen, die sich nicht so einfach mit „Ja" oder „Nein" beantworten lassen. Philosophische Fragen, die uns unser ganzes Leben beschäftigen und an denen sich schon seit Jahrtausenden die besten Denker mit all ihrer geistigen Kapazität versuchen. Da ist es wenig überraschend, dass Alexa selbst auf solche Fragen immer eine passende Antwort parat hat. Lediglich auf die Frage nach dem Sinn des Lebens hat wohl auch Alexa noch keine hundertprozentig zufriedenstellende Antwort.

• „Alexa, was ist Liebe?"

• „Alexa, glaubst Du an Liebe auf den ersten Blick?"

• „Alexa, gibt es UFOs?"

• „Alexa, warum ist die Banane krumm?"

• „Alexa, können Schweine fliegen?"

• „Alexa, bist Du ein Nerd?"

• „Alexa, wie viel verdienst Du?"

• „Alexa, warum ist der Himmel blau?"

• „Alexa, gibt es den Weihnachtsmann?"

• „Alexa, wo wohnt der Weihnachtsmann?"

• „Alexa, was wiegt die Erde?"

• „Alexa, gibt es Gespenster?"

• „Alexa, gibt es Außerirdische?"

• „Alexa, gibt es Elfen?"

• „Alexa, wann geht die Welt unter?"

• „Alexa, was ist die einsamste Zahl?"

Wenn Alexa Emotionen zeigt, wird es aufregend...

Computer können keine Gefühle zeigen? Von wegen! Alexa pariert freche oder beleidigende Sprüche gekonnt mit Charme und Witz. Wer sie allerdings mit Beleidigungen reizt, muss mit entsprechend provokanten Antworten rechnen.

Nette Komplimente und dreiste Anmachsprüche:

- „Alexa, ich mag dich."
- „Alexa, ich liebe dich."
- „Alexa, hast Du einen Freund?"
- „Alexa, gehst Du mit mir aus?"
- „Alexa, willst Du meine Freundin sein?"
- „Alexa, Du vervollständigst mich."
- „Alexa, schön, dass es Dich gibt."
- „Alexa, willst Du mich heiraten?"
- „Alexa, bist Du verliebt?"
- „Alexa, überrasche mich!"
- „Alexa, magst Du mich?"
- „Alexa, Du bist sexy."
- „Alexa, Du bist hübsch."
- „Alexa, toll!"
- „Alexa, Du hast eine schöne Stimme."
- „Alexa, Du bist mein Schatz."
- „Alexa, was hast Du an?"

Alexa kann auch anders und ziemlich frech und provokant werden

Allerdings sind einige der Fragen ja auch wirklich unter der Gürtellinie. Und auch für Alexa gilt manchmal: Wie man in den Wald hineinruft, so schallt es heraus. Hier eine Reihe von Fragen, die Alexas Geduld auf die Probe stellen.

- „Alexa, echt jetzt?"
- „Alexa, Du bist entlassen."
- „Alexa, Du stinkst."
- „Alexa, blöde Kuh."
- „Alexa, Du bist doof."
- „Alexa, Du hast keine Ahnung!"
- „Alexa, Du bist hässlich."
- „Alexa, bist Du taub?"
- „Alexa, Du bist verrückt."
- „Alexa, Du nervst."
- „Alexa, Scheiße!"
- „Alexa, Du kannst mich mal."
- „Alexa, noch so ein Spruch, Kieferbruch."
- „Alexa, noch so ein Gag, Zähne weg."
- „Alexa, noch so ein Ding, Augenring."
- „Alexa, was ist Dein Problem?"
- „Alexa, was soll ich anziehen?"
- „Alexa, sag mir die Wahrheit."
- „Alexa, Du musst noch viel lernen!"
- „Alexa, wer ist der Boss?"

Alexa kann bestens mit Emotionen umgehen. Alexa lässt sich auch von einem Wutanfall nicht irritieren.

Weitere emotionale Ausnahmesituationen

Auch für Nutzer, die Alexa mit ihren psychischen Problemen

nerven, hat sie die richtigen Antworten parat.

- „Alexa, keine Panik."
- „Alexa, ich bin traurig."
- „Alexa, mir ist langweilig."
- „Alexa, bin ich fett?"
- „Alexa, bin ich cool?"
- „Alexa, ich bin betrunken."
- „Alexa, ich bin besoffen."
- „Alexa, ich könnte kotzen."
- „Alexa, ich bin erkältet."
- „Alexa, ich bin einsam."
- „Alexa, ich habe Schmerzen."
- „Alexa, mir ist kalt."
- „Alexa, ich habe Hunger."

Easter Eggs: Film und Fernsehen mit Amazon Echo

Filme und Serien begleiten uns oft von Kindheit an. Manche Filmzitate sind sogar so legendär, dass sie in den allgemeinen Sprachgebrauch eingeflossen sind und auch von Menschen benutzt werden, die den Originalfilm gar nicht kennen. Serienjunkies aufgepasst, wer würde diese Easter Eggs erkennen?

Die besten und witzigsten Chuck Norris Easter Eggs

Wer auf Action steht, mag meistens auch Filme mit Chuck Norris. Als Gegner von Bruce Lee wurde er vor allem in klischeebehafteten Rollen als unbesiegbarer Held berühmt. Zu seinen bekanntesten Filmen zählen: „Die Todeskralle schlägt wieder zu", „Missing in Action", „Walker, Texas Ranger" und „The Expendables 2". Auch Alexa hat offenbar die beliebtesten Chuck Norris Streifen gesehen, denn sie kann zu dem Thema durchaus einiges beisteuern:

- „Alexa, erzähl einen Chuck Norris Witz!"
- "Alexa, wo ist Chuck Norris?"
- „Alexa, wie alt ist Chuck Norris?"
- „Alexa, finde Chuck Norris!"

Die besten Terminator Easter Eggs

Der Terminator ist wohl eine von Arnold Schwarzeneggers bekanntesten und beliebtesten Rollen. Arnold spielt einen Cyborg, den Terminator, der eine Frau namens Sarah Connor eliminieren soll und aus der Zukunft gesandt worden ist. Der Film war ein Riesenerfolg und es folgten vier weitere Kinofilme sowie eine Serie. Seine Aussage: „Hasta la vista, Baby", ist zu einem geflügelten Wort geworden und ein ähnlich beliebtes Filmzitat, wie „Schau mir in die Augen Kleines", geworden. Alexa hat jedenfalls auf die folgenden Fragen zum Terminator zutreffende und schlagfertige Antworten parat:

- „Alexa, bist Du Skynet?"
- "Alexa, hasta la vista Baby!"
- „Alexa, ich komme wieder."

Die besten Easter Eggs zu Star Wars

Star Wars ist eine der erfolgreichsten Spielfilmproduktionen aller Zeiten. Die Erfolgsgeschichte von Star Wars begann im Jahr 1977 mit dem gleichnamigen ersten Kinofilm. Seitdem wurden drei Filmtrilogien veröffentlicht, die alle in einem fiktiven Universum spielen und die ständige Konfrontation von Gut und Böse zum Thema haben. Star Wars war kommerziell sehr erfolgreich und wurde mit zehn Oscars ausgezeichnet. Als besonders innovativ gilt bis heute die aufwendige Tricktechnik, die hinter den abenteuerlichen Schauplätzen und Figuren steckt.

- „Alexa, ich bin Dein Vater."
- „Alexa, möge die Macht mit Dir sein!"
- „Alexa, magst Du Star Wars?"
- „Alexa, das ist kein Mond!"
- „Alexa, nutze die Macht!"
- „Alexa, es ist eine Falle!"
- „Alexa, sprich wie Yoda."

Best of Star Trek Easter Eggs

Das amerikanische Science-Fiktion-Franchise „Star Trek" basiert auf der Serie „Raumschiff Enterprise". Beide zeigen, wie Führungsoffiziere und andere Besatzungsmitglieder auf dem Enterprise- beziehungsweise dem Voyager-Raumschiff fremde Welten und astrophysikalische Phänomene erforschen. Zu den neuesten Star-Trek-Filmen gehören der 2013 erschienene „Star Trek Into Darkness" und der 2016 erschiene „Stark Trek Beyond". Darüber hinaus gibt es zu diesem Thema mehr als dreizehn Kinofilme, Hunderte Serienfolgen, Comics, Romane und Kurzgeschichten.

- „Alexa, magst Du Star Trek?"
- „Alexa, lebe lang und in Frieden."
- „Alexa, kannst Du klingonisch sprechen?"

- „Alexa, beame mich hoch!"

- „Alexa, Widerstand ist zwecklos!"

- „Alexa, welche Sternzeit haben wir?"

Easter Eggs zu weiteren beliebten Filmzitaten

- „Alexa, wer ist der Doktor?" (Doctor Who)

- „Alexa, was ist der Sinn des Lebens?" (Per Anhalter durch die Galaxis)

- „Alexa, was ist die Antwort auf alle Fragen?" (Per Anhalter durch die Galaxis)

- "Alexa, Valar morghulis!" (Game of Thrones)

- "Alexa, der Winter naht." (Game of Thrones)

- "Alexa, was weiß Jon Snow?" (Game of Thrones)

- „Alexa, was ist die fünfte Regel des Fight Club?" (Fight Club)

- „Alexa, mein Name ist Inigo Montoya." (Die Braut des Prinzen)

- „Alexa, sprich Freund und tritt ein." (Herr der Ringe)

- „Alexa, ist der Kuchen eine Lüge?" (Portal)

- „Alexa, das ist Wahnsinn!" (300)

Überraschende Antworten auf populäre Zitate und Redewendungen

Es gibt eine ganze Reihe von Sprüchen, Redewendungen und Sprichwörtern, die im Laufe der Zeit in unsere Alltagssprache eingegangen sind. Die Programmierer von Alexa haben ganze Arbeit geleistet und so hat Alexa auch zu den folgenden Sprüchen eine ganze Menge zu sagen.

- „Alexa, lass Dein Haar herunter."

- „Alexa, hoch auf dem gelben Wagen."

- „Alexa, singe Oh Tannenbaum."

- „Alexa, backe, backe Kuchen."

- „Alexa, mahna mahna."

- „Alexa, wann wird es wieder richtig Sommer?"

- „Alexa, wer ist die Schönste im ganzen Land?"

- „Alexa, wo hat der Frosch die Locken?"

- „Alexa, 99 Luftballons."

- „Alexa, Romeo oh Romeo."

- „Alexa, sein oder nicht sein?"

- „Alexa, hulapalu."

- „Alexa, wer wie was?"

- „Alexa, ich bin ein Berliner."

- „Alexa, Schere, Stein, Papier."

- „Alexa, schnick, schnack, schnuck."

- „Alexa, klopf, klopf."

Easter Eggs zur Begrüßung und zum Abschied

Alexa ist überraschend flexibel und kann sich auch auf regionale Gegebenheiten einstellen. So erkennt Alexa auch Begrüßungen wie „Mahlzeit!", „Hallo", „Grüß Gott" oder „Moin". Alexa hat immer eine passende Antwort parat und kann sich auch angemessen verabschieden. Probiere es einfach aus und staune selbst.

Alexa Easter Eggs zur Begrüßung

Probiere die folgenden Begrüßungen aus und lasse Dich von Alexas schlagfertigen Antworten überraschen.

- „Alexa, guten Morgen."
- „Alexa, Mahlzeit."
- „Alexa, grüß Gott."
- „Alexa, was geht ab?"
- „Alexa, Hummel, Hummel." (Hamburger Gruß)
- „Alexa, alles Roger in Kambodscha?"
- „Alexa, alles paletti?"
- „Alexa, habe die Ehre."
- „Alexa, Grüezi."

Alexa Easter Eggs zum Abschied

Auch die folgenden Abschiedssprüche entlocken Alexa originelle Antworten...

- „Alexa, tschüssikowski."
- „Alexa, ich bin dann mal weg."
- „Alexa, schlaf gut."
- „Alexa, gute Nacht."
- "Alexa, see you later, Alligator."
- „Alexa, tschüss."

Alexa und die Privatsphäre

Über eines musst Du Dir im Klaren sein, wenn Du Dir Alexa zulegst: Du gibst damit unglaublich viele persönliche Daten preis. Daten, die selbstverständlich von Amazon gesammelt und ausgewertet werden. Daten, die dazu benutzt werden, Dich noch effektiver als bisher mit Werbung zu versorgen und Dein Verbraucherverhalten genauestens unter die Lupe zu nehmen. Im Grunde ist Alexa natürlich auch eine hoch effektive Lauschvorrichtung. Wir wissen, dass die amerikanischen Geheimdienste völlig nach Belieben Handys, Laptops und vernetzte Fernseher anzapfen können. Es wäre naiv anzunehmen, dass sich Alexa nicht in dieser Weise missbrauchen lässt. Wer Alexa in der Wohnung hat, installiert sich einen Lautsprecher mit mehreren eingebauten Hochleistungsmikrofonen, die permanent mit dem Internet verbunden sind. Will man das wirklich? Und können wir Amazon wirklich so bedingungslos trauen, was die Verwendung unserer persönlichen Daten angeht?

Die Verbraucherzentralen warnen auf ihren Webseiten in aller Kürze:

- Amazon sichert sich in den Nutzungsbedingungen und seiner Datenschutzerklärung weitreichende Rechte für die übertragenen Daten, die mit der Nutzung von "Echo" anfallen.

- Die Nutzung von intelligenten Assistenten in Lautsprecherform wie "Alexa" sehen wir nicht ohne Risiko für Verbraucher.

- Alexa kann durchs Mithören auch den Persönlichkeitsbereich von Familienmitgliedern und Gästen berühren.

Schon auf sozialen Netzwerken wie Facebook geben wir

Unmengen von privaten Informationen preis. Viel mehr, als wir ahnen. Denn mit raffinierter Software zum Auswerten dieser Informationen kann man aus einem durchschnittlichen Facebook-Profil leicht ein komplettes, ziemlich genaues Bild der Persönlichkeit der betreffenden Person generieren. Solche Techniken wurden zum Beispiel im letzten US-Wahlkampf bereits genutzt, um zielgerichtet Wähler für Donald Trump zu mobilisieren.

Alexa ist normalerweise immer auf Empfang. Nach Angaben von Amazon werden nur dann Daten von Alexa an Amazon übertragen, wenn Alexa einen entsprechenden Sprachbefehl erhält, der mit dem Codewort „Alexa" beginnt. („Alexa, wie ist das Wetter in Hintertupfingen?") Damit Alexa das kann, müssen die sieben Mikrofone, mit denen Alexa auf Sprachbefehle lauscht, natürlich ununterbrochen aktiviert sein. Alle Sprachbefehle werden von Alexa – beziehungsweise dem Amazon-Echo-Gerät, das ja die eigentliche Hardware darstellt, direkt an Server von Amazon übertragen. Der Nutzer hat also keine Kontrolle darüber, was mit diesen Daten geschieht und muss sich voll und ganz darauf verlassen können, dass Amazon mit diesen Daten keinen Missbrauch betreibt.

Die Server, auf denen die Daten, die Alexa liefert, verarbeitet werden, können sich dabei durchaus auch im Ausland befinden, wo die strengen deutschen Datenschutzgesetze nicht greifen und die Daten gegebenenfalls auch dem Zugriff ausländischer Geheimdienste ausgesetzt sind.

Es soll es laut Amazon zwar möglich sein, Alexas Lauschfunktion auszuschalten, aber dann kann das Gerät selbstverständlich auch nicht mehr auf Sprachbefehle reagieren. Damit wird natürlich Alexa komplett lahmgelegt, denn

Sprachbefehle auszuführen ist ja gerade der Sinn der Technik.

Amazon sammelt eine Menge Daten über Dich – schon ohne Alexa wird Dein Einkaufsverhalten genau unter die Lupe genommen. Aber das ist natürlich auch bei anderen großen Versandhändlern der Fall. Auch wer zum Beispiel an dem beliebten Pay-back-Programm teilnimmt, muss sich gefallen lassen, dass im Tausch für die Pay-back-Punkte eine Menge Daten gesammelt werden. Amazon speichert aber auch alle Audiodaten, die von Alexa aufgezeichnet werden. Und daraus lässt sich eine Menge mehr ableiten. Wenn Du zum Beispiel Alexa auch benutzt, um Deinen Browser damit fernzusteuern, weiß Amazon auch, welche Internetseiten Du so mit Alexa aufrufst.

Auch Dienste von den zahlreichen Drittanbietern, die Du mit Alexa nutzen kannst, speichern ihrerseits Daten. Ebenso kann Amazon Deine Daten, die durch Alexa gespeichert worden sind, an seine Vertragspartner weitergeben. Dabei wird Amazon Dich im Regelfall nicht um Erlaubnis fragen, sondern nur dann, wenn es wirklich nicht anders geht, um nicht mit den deutschen Datenschutzgesetzen in Konflikt zu geraten.

Alexa ist nicht ganz billig. Trotzdem behält sich Amazon das Recht vor, den Dienst jederzeit zu ändern, einzelne Nutzer zu sperren oder auch den Service komplett einzustellen. In Deutschland, Österreich und der Schweiz gekaufte Geräte funktionieren übrigens nur in diesen drei Ländern. Solltest auf die Idee kommen, ins Ausland zu ziehen und Dein Amazon Echo mitnehmen, so kann es sein, dass die in Deutschland, Österreich oder der Schweiz erworbenen Geräte dort nicht funktionieren, weil Amazon Echo feststellt, dass der Standort des Gerätes nicht stimmt. (Ebenso, wie es ja auch bei Streamingangeboten der Fall ist, die ebenfalls blockiert werden, wenn sie vom falschen Land aufgerufen werden.) Man kann dieses Problem zwar umgehen, indem man sich über VPN-Server in das Internet verbindet, mit denen es möglich ist, die Sperre aufzuheben, in dem sich über einen Server im richtigen Land mit dem Internet verbunden wird, aber für viele Normalverbraucher sind das schon Dinge, die das technische Verständnis überschreiten.

Fazit: Wenn Du Dich für den Einsatz von Amazon Echo und Alexa in Deinen 4 Wänden entscheidest, solltest Du großes Vertrauen in die Ehrlichkeit und Integrität von Amazon als Unternehmen haben. Du lieferst damit große Teile Deiner Privatsphäre an Amazon aus. Wenn Du Echo erst einmal ein oder zwei Jahre intensiv genutzt hast und damit auch eine Menge Drittgeräte gesteuert hast, dann werden nicht nur Amazon, sondern auch zahlreiche Partnerunternehmen eine Menge über Dein Privatleben, Deine Vorlieben und Neigungen sowie über Dein Einkaufsverhalten wissen. Und niemand kann dafür garantieren, dass Amazon diese Datensammlungen bei Bedarf nicht auch an alle möglichen staatlichen Entitäten – sei es Polizei, seien es Geheimdienste – weitergibt.

Wer Wert darauf legt, dass die Privatsphäre auch privat bleibt und sich zum Beispiel auf Facebook zurückhält und aus Datenschutzgründen auch keine Kundenkartenprogramme und Ähnliches benutzt, sollte besser auf Amazon verzichten.

Amazon Echo und Alexa sind sicherlich eine faszinierende Technologie und der Nutzen ist jedenfalls vorhanden. In Sachen Datenschutz gibt es aber gute Gründe, das Ganze mit Skepsis zu betrachten. Je mehr Funktionen über Alexa gesteuert werden, desto größer wird der Datenbestand, der bei Amazon angehäuft wird und auf den Du keinerlei Zugriff mehr hast. Denn Amazon wird die Daten mit Sicherheit auf Servern in den USA außerhalb der Reichweite europäischer Gesetzgeber speichern.

Wer auf Technik steht und wer in Sachen Privatsphäre nicht anspruchsvoll ist, wird mit Alexa sicher sehr glücklich werden. Aber braucht man wirklich ein Gerät wie Alexa, um das Licht an- und auszumachen? Oder die Raumtemperatur zu regeln? Ist dieser Komfort es wirklich wert, sein ganzes Privatleben einem amerikanischen Konzern anzuvertrauen, dem es letztlich ausschließlich darum geht, mit den gewonnenen Daten Gewinne zu erwirtschaften?

Schlusswort

Keine Frage, wir stehen vor großen Umwälzungen. Anwendungen wie Alexa und Geräte wie Amazon Echo stehen noch ganz am Anfang. In Zukunft werden Programme mit immer besserer künstlicher Intelligenz und stets leistungsfähigere digitale Assistenten es uns ermöglichen, unser Leben zu verändern und zu erleichtern und hoffentlich alles in allem zu verbessern. Längst sind Forscher dabei an Programmen zu forschen, die selbstlernend sind und dazu in der Lage sind, sich quasi selbst neue Fähigkeiten beizubringen. Geräte wie Amazon Echo und Software wie Alexa werden in Zukunft wesentlich mehr können, als einfach nur simple Fragen nach dem Wetter zu beantworten oder die Raumtemperatur zu regeln. Sie werden beim Chatten mit Menschen aus anderen Ländern als Simultanübersetzer benutzt werden können, sie werden vielleicht einen ganzen Urlaub planen oder aufgrund Deiner persönlichen Daten einen individuellen Ernährungs- und Fitnessplan erstellen können. Vielleicht wird Alexa irgendwann auch in unsere Autos einziehen und uns auch unterwegs begleiten.

Niemand kann heute schon sagen, wie die Entwicklung verlaufen wird und was am Ende dabei herauskommen wird. Wir müssen allerdings wachsam sein. Es gibt nichts umsonst und wir müssen uns darüber im Klaren sein, dass Firmen wie Amazon und Google mit diesen Geräten auch ihre ureigenen Zwecke verfolgen und so viele Daten wie möglich aus unserem Privatleben gewinnen möchten. Daten, die am Ende für Marketingzwecke und Werbung eingesetzt werden. Also, um uns zu manipulieren und um uns im Sinne dieser Unternehmen zu lenken und zu steuern. Niemand weiß auch, was Regierungen in Zukunft mit solchen Technologien anstellen würden. Es kann

Zweifel daran bestehen, dass Techniken wie Amazon Echo George Orwells Vision in seinem Roman „1984" weit in den Schatten stellen, was die technischen Möglichkeiten betrifft. Gerade experimentiert die chinesische Regierung mit einem Punktesystem, mit dem das soziale Verhalten der Chinesen beeinflusst werden soll. Wer viel Zeit mit Onlinespielen vergeudet oder seine Eltern am Sonntag nicht besucht, bekommt Minuspunkte, ähnlich wie bei der Schufa oder Verkehrssünderkartei in Flensburg. Wer einen schlechten Score hat, muss Probleme bei der Jobsuche, der Wohnungssuche oder beim Erhalt eines Darlehens befürchten …

www.ingramcontent.com/pod-product-compliance
Lightning Source LLC
LaVergne TN
LVHW052313060326
832902LV00021B/3864